1865

LIBERTÉ, ÉGALITÉ, FRATERNITÉ

ARGENT   CRÉDIT   ASSURANCE

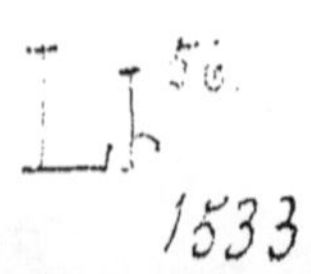

PARIS

A LA LIBRAIRIE AMIOT, EDITEUR

RUE DE LA PAIX

—

1865

1865

LIBERTÉ, ÉGALITÉ, FRATERNITÉ
ARGENT   CRÉDIT   ASSURANCE

I

Je ne suis ni de 89, ni de 1815, ni de 1830, ni de 1848 ; je suis d'hier et d'aujourd'hui et je pense à demain. Parlant donc la langue de mon temps, j'ai le droit de dire :

La liberté, c'est l'argent.

L'égalite, c'est le crédit.

La fraternité, c'est l'association.

Réaliste, et non cynique, Dieu merci! je ne prétends pas matérialiser trois mots sublimes ; je donne seulement leur traduction en langage économique et moderne. J'ai lu d'ailleurs, comme tout le monde, le Traité de Sénèque sur *le Mépris des richesses*, et je sais dans quel sens il est vrai de dire que l'homme libre est celui qui n'a pas de besoins. Je passe donc, et j'ajoute :

« Il est de convention et de consentement général que, en quelque pays que ce soit, celui qui est porteur d'argent peut se procurer tout ce que ce pays et les autres offrent ou produisent pour *les besoins*, le luxe et la sensualité. »

Voltaire a écrit : « La richesse consiste dans le sol et dans le travail. » Oui ; mais les économistes ont rendu vulgaires les idées suivantes : « Le numéraire est le principe de la Richesse. Avant l'introduction du Crédit, l'Etat, qui était le plus riche en espèces, était aussi le plus puissant. La monnaie est dans l'Etat ce que le sang est dans le corps humain : sans l'un on ne saurait vivre, sans l'autre on ne saurait agir. »

Je pourrais vous étourdir avec des citations et des définitions

— 4 —

contradictoires sur la Richesse ; car il en est de l'étude de l'Économie politique comme de l'étude de la Médecine ; elle finit par
donner le vertige, et fait songer, par moment, à se réfugier dans
l'empirisme :

Il faut prendre un parti :

Eh bien ! tout le monde moderne pense, avec et même sans
Boisguilbert, que « *la Richesse consiste dans une jouissance
entière, non-seulement des besoins de la vie, mais même de
tout le superflu et de tout ce qui peut faire plaisir à la sensualité, sur laquelle la corruption du cœur invente et raffine
tous les jours.* »

Voilà du moins une définition qui, pour être d'un lieutenant-
général au baillage de Rouen, d'un homme intègre, n'en est pas
moins plantureuse et essentiellement moderne. « *La Richesse,*
ajoute-t-il, *même au commencement du monde, par la desti-
nation et l'ordre du Créateur, n'était autre chose qu'une ample jouissance des besoins de la vie.* »

Le mot de *Luxe* se trouve dans un des paragraphes que j'ai
cités ; mais, le Luxe, qui pourra me dire où il commence depuis
l'invention du *Confortable.* Tenez, en 1865, il faut être sur ce
point de l'avis de celui qui disait : « Le Luxe est un vain nom
qu'on doit bannir de toutes les opérations de la police et du
Commerce, parce qu'il ne porte que des idées vagues, confuses,
fausses, dont l'abus *peut arrêter l'industrie* même *dans sa
source.* »

II

Vous le savez :

« Ce qui, malgré bien des déchéances, nous permet de favo-
rablement augurer de ce siècle, c'est de voir notre génération
éprise, à un plus haut degré qu'aucune génération ne l'a jamais
été, de l'amour de la vérité. Mille considérations primaient autre-
fois la recherche de la vérité : considérations politiques, religieu-
ses, morales. On se préoccupait avant tout des conséquences ; on
se détournait du droit chemin, parce qu'un abîme était au bout ;
on le croyait, du moins... »

Cela est vrai. Aussi aucune considération politique ne saurait
empêcher de fouiller aujourd'hui cette proposition.

TOUT LE MONDE DOIT ET PEUT AVOIR DE L'ARGENT.

J'entends crier de tous côtés : Oui, mais par le travail et par
l'économie !

Ai-je déjà dit le contraire? Je ne ferai qu'un amendement à la proposition de mes interrupteurs, et le voici : Tout le monde doit avoir de l'argent POUR le travail et POUR l'économie. Est-ce qu'on peut travailler sans *peu ou prou* de capital? Est-ce qu'on peut économiser *sans avoir le sou?*

On a fait grand bruit et grand peur jadis *du droit au travail.* Il fallait commencer par *le droit à la vie,* car, avant de travailler et pour travailler, il faut vivre, *avoir la force.*

C'est la nature qui le dit;

C'est l'expérience qui l'affirme.

Or, en y regardant de près et comme il convient à des hommes du temps présent, L'INFANTICIDE *est aussi dans la misère.*

Si ce que j'avance là n'était point vrai, est-ce que nous verrions s'élever, comme par enchantement, et à l'honneur du cœur humain, tant de salles d'asile, de refuge, tant d'orphelinats? L'admirable institution des enfants de troupe est un exemple, un modèle et une espérance à cet égard. Connaissez-vous un spectacle plus désolant que celui d'un petit enfant déguenillé?

Nos livres proclament :

« *Le travail et la population sont les deux forces de l'État.* » En effet, l'un le féconde, l'autre le défend. Et puis après?

Après? Comme il faut bien se rendre à la réalité, nous ajoutons que :

« *Le travail et la population, ces deux forces d'un Etat, dépendent en grande partie de l'abondance et de la* BONNE CONDUITE DU NUMÉRAIRE. »

Mais, en 1865, comment *des forces* peuvent-elles *dépendre* absolument? Que signifient ces mots : *Bonne conduite du numéraire?* Quel argent est mieux conduit que celui de la Banque de France, qui donne jusqu'à trente pour cent à ses actionnaires? Et cependant il y a enquête sur la cause des crises financières et sur *la bonne* ou *la mauvaise* conduite du numéraire.

On va alors voir et savoir, car aujourd'hui tout est sérieux, tout est sous l'œil, hommes et choses.

Il faut donc espérer quelque chose de l'enquête; mais, si nous voulons conquérir *la liberté, c'est-à-dire l'argent,* c'est-à-dire encore la Richesse, c'est-à-dire en outre « la jouissance plus ou moins ample des besoins de la vie; » si nous voulons tout cela sincèrement, il faut compter sur nous-mêmes, et pratiquer la maxime : *Aide-toi,* le ciel *t'aidera.*

Or, la manière la plus simple, la plus naturelle de s'aider soi-même, de préparer sa liberté, c'est de *s'assurer*, de *pratiquer l'Assurance* pour soi, pour les siens.

Assurons-nous pour *être libres.*

III

Que fait l'Assurance?

« *Elle procure une issue certaine à tout évènement incertain.* »

« *Elle régularise par des chiffres l'incertitude proverbiale de la vie humaine.* »

« *Elle fait produire à une vie abrégée par le temps ou les infirmités, les mêmes avantages qu'une vie longue et laborieuse a pu produire.* »

La question, je le sais bien, est de commencer. — Où trouver, dans un présent malheureux, insuffisant tout au moins, l'argent nécessaire pour assurer l'avenir de soi-même ou des siens?

A l'avenir, tout travail *doit* porter avec lui-même son Assurance, et l'Assurance, en ce sens-là, devient *obligatoire*.

Aimez-vous mieux dire que tout travail doit porter avec lui son *économie possible*? Je ne m'y oppose pas, à une condition cependant, c'est que *vous ne prendrez point l'économie sur le nécessaire* de l'individu et de la famille.

Que faut-il entendre par le nécessaire? L'abri, le vêtement, la nourriture, et, la définition de l'homme étant : « un animal qui a des outils, » j'ajouterai à l'abri, au vêtement et à la nourriture, j'ajouterai, dis-je, les Outils.

Est-ce trop?

Ou la doctrine de Malthus, que la politique, la religion et la morale réprouvent,

Ou la Doctrine de la Population : Force et Richesse de l'Etat ;

Voilà l'alternative!

Les richesses sortent du sol, de la terre, sans doute ; mais *tant vaut l'homme, tant vaut la terre*, et l'homme, en ce sens-là, c'est le travail, toujours le travail.

En ce moment, le sol, le travail, la population s'agitent, — l'argent les mène. En effet, proclamé étalon de toutes les valeurs, l'argent dispose ; c'est devant lui, nous l'avons vu, que les produits du sol et des manufactures doivent comparaître pour être évalués en dernier ressort ; les monnaies fiduciaires, le Crédit

lui-même, n'existent qu'à la condition de se convertir, à la volont
du porteur ou à date précise, en argent.

Vœu de *pauvreté* ou obligation *d'assurance,* voilà encore
l'alternative du présent en vue de l'avenir.

Rendons-nous enfin à l'évidence sur ce point capital, et recon-
naissons ce fait, sur le terrain de l'économie politique, bien en-
tendu : L'ARGENT, C'EST LA LIBERTÉ.

Aussi, l'enquête dont nous avons parlé, bien conduite et sage,
ne nous promettra pas, j'en suis sûr, le futur et prochain bon
marché de toutes choses, car la vérité est qu'on ne reverra plus
en rien les anciens prix. La vie, le gouvernement à bon marché
appartiennent à ces catégories de bonnes intentions destinées à
ne pouvoir devenir des faits aujourd'hui. Tout ce que l'on crée,
tout ce que l'on offre, tout ce qui tente la masse et la passionne,
rapporte non-seulement un gros intérêt, mais une chance d'aug-
mentation du capital. Sur ce point encore, rendons-nous donc
enfin à l'évidence : nous ne marchons pas à la réduction du taux
de l'intérêt, mais à *la liberté de l'intérêt,* ce qui est bien dif-
férent. Le génie industriel et producteur tend à multiplier les
demandes d'argent au-delà de ce que les Amériques, l'Australie
et la Californie en produisent. Plus il y en a, plus on en veut.

Et la preuve, la voici : Les établissements de Crédit *foncier,
commercial, industriel, agricole, maritime* pullulent, et les
crises financières n'ont jamais été plus fréquentes. L'enquête
démontrera, j'en suis persuadé, que ce malheur tient plus aux
choses qu'aux personnes.

IV

J'en viens au CRÉDIT, QUI EST, jusqu'à un certain point,
L'ÉGALITÉ, et, sans me perdre ici dans les innombrables définitions des Banques qui ont été données depuis Law, ce
méconnu, jusqu'à M. Isaac Pereire, je rappellerai que : « Les
Banques ont introduit, réglementé *Le Crédit* dans les Etats; »
puis, comme il est aussi inutile que stupide, à notre époque, de se
montrer injuste sur les grands faits publics, j'avouerai que les
Banques ont réalisé, dans une grande mesure, ce but de leur institution, et justifié cette excuse de leur privilége : « *Elles ont été
les intermédiaires à l'aide desquelles s'opèrent, d'une part, la
concentration des capitaux, de l'autre, leur distribution dans
les diverses parties de l'atelier national.* »

Seulement les Banques ne prêtent pas au travail, à la population, mais à *la solvabilité*. Reposant elles-mêmes sur le Crédit, puisqu'elles ne possèdent réellement que le tiers de l'argent qu'elles sont censé pouvoir fournir à toute heure du jour, et dont elles tirent un fort intérêt, les Banques sacrifient tout à la conservation de leur Crédit. Elles ne disent pas : Périsse l'Etat plutôt que mon Crédit, mais : après mon crédit, la fin de l'Etat et du monde ! Elles défendent leur encaisse d'une façon qui, parfois, semble être sauvage, dans l'intérêt de la civilisation. Leur devise implicite est : *Me stante omnia quiescunt.* Cela n'est vrai qu'à moitié environ.

V

Après ce que nous avons observé du rôle de l'argent, *qu'est-ce donc que le crédit ?*

En grand, c'est LE TEMPS que les personnes possédant des capitaux, ayant des comptes courants à la Banque, des billets de banque, accordent à cet établissement pour s'acquitter en espèces monnayées ayant cours.

En petit, c'est LE TEMPS que la Banque accorde aux personnes solvables, quelle que soit d'ailleurs leur profession ou leur oisiveté, pour convertir en monnaies métalliques ou en monnaie propre de banque (billets) leurs billets à ordre.

Le temps tient donc lieu d'argent aux personnes solvables, d'une époque à une autre époque, d'un engagement à une échéance.

L'escompte est la forme la plus habituelle du Crédit. « Le nombre des clients admis à l'escompte du comptoir de Paris, est de 1,880 ; et l'enquête de la Chambre du commerce a constaté qu'en 1847 il existait dans la capitale 64,816 entrepreneurs d'industries ayant réalisé, dans l'année, pour 1,463,626,350 fr. d'affaires.

En 1860, le nombre des chefs d'industries diverses était de 101,172 , présentant pour cette année un total d'affaires de 3,369,092,949 fr. d'affaires. »

« *Sur ces 101,172 chefs de fabriques et d'ateliers, 7,492 employaient plus de dix ouvriers, 31,480 en employaient de deux à dix, et 62,199 employaient un ouvrier ou travaillaient seuls :* » (1).

(1) De la Banque et de l'organisation du Crédit (1865).

Comment, étant le Crédit, mettre ces petits chefs d'ateliers ou de fabriques, ces hommes qui travaillent seuls, comment les mettre en jouissance de tous les besoins de leur industrie par le Crédit? Le moyen qui se présente, c'est encore l'*Assurance*.

Assurés pour tout ce qu'ils valent, ils obtiennent alors tout le Crédit qu'ils méritent, car l'*Égalité moderne*, excepté devant la loi, *est une proportion*.

On est égal à son mérite et à son travail.

Le Crédit, mesure de temps, comme nous l'avons remarqué, appliqué au travailleur pour qui le temps est un capital, puisqu'il l'emploie à produire, le Crédit, dis-je, organisé sur *l'Assurance générale, universalisée* par l'intérêt de chacun et de tous, établirait donc, dans un certain degré, l'*Égalité pratique* parmi les hommes.

Être admis à l'escompte sur son livret d'assurance, et sur la production de certains livres de commerce, voilà donc une cause et un effet tout à la fois.

L'assurance facilite l'escompte;

L'escompte excite à l'assurance, et la *sécurité générale* se fonde à son tour, peu à peu, *sur la sécurité individuelle*.

VI

L'ASSOCIATION, ai-je dit, C'EST LA FRATERNITÉ : articuler les deux mots, c'est prouver le fait :

Tous pour un, tous pour tous, l'Association et la Fraternité ont forcément cette même devise.

Aussi le *véritable crédit*, bien autrement large que le Crédit des Banques, sera le *Crédit Mutuel*, ou *Crédit d'Association et d'Assurance*.

A cette simple proposition, beaucoup de personnes sont charmées de me répondre : C'est cela : les gens laborieux paieront pour les fainéants; les sobres pour les ivrognes; les économes pour les dépensiers ; les uns mettront leurs vertus, les autres leurs vices dans l'Association, et l'on partagera les bénéfices.

Assez de *rengaines !*

Tout le monde sait que *l'Association* se fonde sur *une Égalité*, et non sur *une exploitation*.

En réalité, en vérité, en fait, et me reportant à un avenir prochain :

Celui qui existe, travaille ;

Celui qui travaille, s'assure ;

Celui qui s'assure, a crédit ;

Celui qui a crédit, s'associe.

Il n'y a plus d'oisifs aujourd'hui, et le caractère de notre temp est plutôt de mettre les fils au travail de trop bonne heure ; quant aux paresseux, il ne faut vraiment les compter que pour mémoire.

Donc, qui existe, travaille :

Qui travaille, s'assure.

Ne serait-il pas juste que, sous ce titre : *Salaire du dimanche*, toutes les entreprises publiques ou particulières, concédées ou patronnées par le Gouvernement, fussent soumises à la redevance du droit de 25 centimes pour cent sur leur bénéfice net ?

« Les travailleurs eux-mêmes ne pourraient-ils pas être appelés et admis à fournir cinq centimes par semaine, soit 2 francs 50 c. par année ? »

J'emprunte ces dernières idées à un projet d'*Invalides Civils*, sur lequel je reviendrai plus tard ; je les emprunte aussi à une Société qui vient de se fonder... Je voudrais bien ne pas la nommer, afin d'éviter toute apparence de réclame. Toujours est-il qu'un grand, très-grand journal, nous annonçait le 19 février 1865, l es faits suivants :

« *Les primes de la nouvelle Société sont des plus réduites. En payant une prime annuelle de 11 francs, un ouvrier peut assurer une prime de cinq mille francs à sa veuve, dans le cas où il viendrait à être enlevé par une maladie accidentelle.* »

« *En élevant la prime annuelle à 19 francs, il peut s'assurer une pension viagère de 300 francs en cas d'incapacité permanente et absolue de travail provenant de la même cause, ou 2 fr. 50 c. par jour de chômage temporaire.* »

« *En portant la prime à 29 francs par an, il peut couvrir à la fois les trois éventualités, et assurer :*

1º L'indemnité de 5,000 francs à sa veuve et à ses enfants ;

2º La pension viagère de 300 fr. à lui même ; et,

3º La prestation de 2 fr. 50 c. par jour de chômage. »

« *L'Assurance peut être faite sur la tête d'une femme. Dans ce cas, on ne paie que le tiers de la prime.* »

« *En portant la prime à 120 fr. par an, il résulte une indemnité de 25,000 fr. en cas de mort ; — une pension viagère de 1,500 fr. en cas d'incapacité, — et une prestation de 12 fr. 50 c. par jour, en cas de chômage. »*

VI!

Que signifie désormais le mot accident? Si un *accident* vous atteint dans vos moyens d'existence, ne pourra-t-on pas vous accuser d'incurie; ne serez-vous pas coupable aux yeux de votre famille, que cet *accident* réduira peut-être à la misère, *parce que* vous ne vous serez pas fait *assurer?*

L'idée du *Crédit Mutuel* est déjà vieille, comme tout ce qui est encore trop nouveau.

Une idée! une idée! Que peut-on faire d'une idée en *économie politique, pratique?* — J'entends bien, vous me raillez.

Il n'est pas facile, en effet, de *pratiquer* une idée.

D'abord, *en discussion*, tout est à peu près impossible. Vous le savez : *Napoléon* Ier *n'a jamais vécu*, et les chemins de fer n'existent que dans nos imaginations.

En fait, et fort heureusement, les choses se simplifient.

Je m'explique tout de suite par un exemple :

Toutes les industries du bâtiment, depuis le plâtrier jusqu'à l'homme qui vend le bouquet à rubans tricolores dont on se sert pour couronner l'édifice, s'associent.

L'escompte étant la forme la plus habituelle du crédit, il est certain que des billets à ordre vont s'échanger par le seul fait de cette association. Il faut que l'Association, comme la Banque, soit toujours réputée en mesure de donner de l'argent contre ses billets. Elle aura d'autant moins à en donner, qu'elle sera censé pouvoir en donner davantage.

Vous le voyez, je ne suis pas dans les nuages ; *mon point de départ et d'arrivée, c'est l'argent, toujours l'argent.*

Mais, ici j'innove, et carrément :

Je veux que les rentiers rentrent dans l'Association des Travailleurs.

— Grâce! grâce! je suis un insensé, un fou, pire encore. Que l'on m'accorde un moment d'attention, et que les rentiers eux-mêmes me pendent ensuite, j'y consens.

Ma prétention, si prétention il y a, est bien simple : Je demande que *le titre de rente au porteur rentre dans la masse des objets directement échangeables, parce qu'il a une valeur qui lui est*

*propre, et que l'on puisse, en conséquence, se procurer avec
lui toutes les choses dont on a besoin.*

Attendez.

Celui qui s'assure a crédit !

Est-ce qu'une Police d'Assurance ne devient pas tous les
jours, en 1865, la garantie offerte par le débiteur, le gage ac-
cepté par le créancier ?

Au moyen de l'Assurance, aucun débiteur de bonne foi ne
doit plus mourir insolvable. Celui qui a Crédit a sa raison d'être
admis dans une Association de Crédit Mutuel.

Et maintenant, je le répète, quelle doit être la base du Crédit
Mutuel ou d'Association ?

C'est le crédit même de l'Etat.

C'est la rente !

Puisqu'elle repose sur l'impôt de chacun et sur la foi de tous.

M. J. Laffitte et M. Thiers ont dit, en 1824 : « Il faut travailler
ou se réduire ; le *capitaliste* a le rôle de l'oisif, sa peine doit
être l'économie, et elle n'est pas trop sévère. »

M. J. Laffitte a été puni plus durement ; mais c'était un grand
citoyen.

VIII

Je vais plus loin. On cherche, on demande depuis longtemps
la création du *billet à intérêt*. La question est mûre, dit-on.
Eh bien ! le titre de rente au porteur, avec ses coupons tout prêts
à être détachés, ne remplit-il pas toutes les conditions désira-
bles ! Ne peut-il pas se transmettre de la main à la main ? est-il
simple et facile à contrefaire ? peut-on le voler avec son numéro
d'ordre ? le paiement de l'intérêt est-il assuré à jour fixe au Trésor
public ?

Je le sais bien, le capital de ce billet varie comme le cours
de la rente lui-même, et il change vingt fois par jour. C'est un
aléa que beaucoup de gens rechercheraient et dont d'autres ne
voudraient pas entendre parler ; j'en conviens, c'est une chance
de gain pour ceux qui peuvent attendre, c'est une chance de perte,
au contraire, pour ceux qui ne le peuvent pas ; oui, cela est po-
sitif encore. En d'autres termes, le titre de rente au porteur
offre, comme *billet à intérêt*, des inconvénients et des avantages. Peut-on amoindrir ou supprimer les inconvénients ? Je
le crois ; mais je m'occuperai d'abord de *constituer* solidement

l'encaisse du Crédit Mutuel ou d'Association et de faire rentrer les rentiers de l'Etat dans la catégorie des *travailleurs.*

Je ne proposerai pas de créer de monnaie fiduciaire, je serais de suite éconduit : *le crédit ramené à l'argent, toujours à l'argent,* VOILA MON FAIT.

IX

En rassemblant de mon mieux toutes les idées qui couvent en 1865, je tente la réconciliation si naturelle, quoiqu'il en apparaisse, de la Rente et du Travail, la fusion du Crédit Public et du Crédit Individuel, l'avènement de la Fraternité par le Crédit d'Assurance ou d'Association.

Pour cela, j'invite au nom de mon temps, héritier de tant de penseurs et de tant de martyrs, les rentiers petits et grands, à former, au moyen de leurs titres, le capital de la Banque d'Association ou de Crédit Mutuel, et d'en devenir les fondateurs et les actionnaires.

Si ce genre de capital est sujet, comme nous l'avons déjà vu, à des fluctuations journalières, on conviendra que l'intérêt de ce capital, qui représente des millions, ne varie pas, et qu'il est assuré... à moins de banqueroute, c'est-à-dire de déluge.

L'intérêt de ces titres est payable tous les trois mois, escomptable avec un très-léger sacrifice, dans l'intervalle. La Banque de Crédit Mutuel dispose donc, tous les trois mois, de sommes énormes en argent ou en monaie fiduciaire toujours conversibles en argent à la Banque de France. Trois mois est le terme correspondant à la généralité des billets à ordre.

Le jour des échéances, la Banque de Crédit Mutuel trouve donc le Trésor Public son débiteur. En supposant qu'elle ait aussi mal pris que possible ses références, elle est en mesure de rembourser les billets des associés en retard.

On m'objecte : le rentier qui a déposé son titre voit donc : 1° Son intérêt passer en remboursement. Et de quoi vivra-t-il alors ? 2° Son capital compromis.

J'ai admis l'absurde, c'est-à-dire que la Banque de Crédit Mutuel avait agi comme un fils de famille bon à interdire.

Remenant tout, afin de mieux répondre, à la molécule même de l'association, je dis que me voilà, moi, porteur d'un titre au capital nominal de cent francs, à l'intérêt réel de 3 0/0, privé de mes 3 0/0 d'abord ; exposé, quant à mon capital réel, puisque j'ai prêté imprudemment et que je dois d'abord rembourser.

Je réponds, ou plutôt je me réponds à moi-même : le jour où j'ai mis mon endos à un billet d'Associé, il m'a payé 3 0/0 d'intérêt d'avance, — qui ont eux-mêmes produit 3 0/0 d'intérêt, — plus une commission.

Ce billet d'Associé qui n'est pas payé à échéance, est dû à un autre Associé, qui doit lui-même à la Banque, et tout peut s'arranger d'*abord* par un simple *virement*.

Tout associé étant assuré, son contrat d'assurance qui a été consulté pour le crédit qui lui a été ouvert, devient une garantie quant au capital.

Tous les associés répondent, au prorata du crédit qui leur est ouvert, des pertes éprouvées par la Banque d'Association.

Ils participent aux bénéfices dans la proportion de 1 0/0 lorsque six pour cent de leur capital nominal ont été distribués aux Rentiers fondateurs.

Des titres de rente, au *porteur*, forment l'encaisse de la Banque de Crédit Mutuel, et les coupons restent à la caisse ou à la Banque de France, si elle veut les accepter sans frais de garde.

Voilà donc un encaisse sérieux, portant avec lui un intérêt fictif de 3 0/0, réel de 4 1/2 et de 5, dû par l'Etat, qui va ajouter 3 0/0, plus des frais de commission à ces 4 1/2 ou 5 0/0; qui, pour obtenir un intérêt de 8 0/0 environ, se prête seulement à garantir le paiement de billets d'*Associés assurés*, lesquels associés, en général, se doivent les uns aux autres, et permettent de liquider leurs opérations par des virements.

Tous les trois mois, la Banque de Crédit Mutuel a des fonds considérables à toucher au Trésor Public. Elle a combiné ses opérations de manière à pouvoir, le trimestre en règle et liquidé, distribuer aux porteurs de titres la Rente qui les faisait vivre. Le surplus est distribué tous les ans.

Que dirai-je de plus ?

Qu'il faut fonder, au plus vite, la *Caisse ou le Comptoir du Titre*, et assurer aux mille premiers rentiers déposants la qualité et les avantages de Fondateurs Actionnaires.

Paris. — Typographie Alcan-Lévy, boulevard Pigalle, 50.

www.ingramcontent.com/pod-product-compliance
Lightning Source LLC
Chambersburg PA
CBHW050735070726
47597CB00009B/3935